परछाईयाँ

डा० सुभाष गक्खड़ ' कँवल '

समर्पण

प्रेरणा स्त्रोत ,

स्वर्गीय पिता श्री हीरा लाल जी गक्खड़ के

श्री चरणों में

सादर समर्पित

अंधियारों में राह दिखाती

याद तुम्हारी जब आ जाती।

क्रम-सूची

क्रम-सूची

पावती (स्वीकृति)

परछाइयाँ उभरती हैं
केवल
परछाइयाँ ! परछाइयाँ!

****

डॉ. सुभाष गक्खड़ ‘कंवल’

भूमिका

लगभग सत्रह वर्ष का रहा हूँगा मेरे पूज्य पिता स्वर्गीय श्री हीरालाल गक्खड जी ने मुझे अपने पास बुलाया और दो पंक्तियाँ नसीहत के तौर पर सुना दी ,"बैठोगे जो आग के पास जा कर , उठोगे एक रोज़ कपड़े जला कर" । यकीनन, मेरी एक सहपाठी से बढ़ती हुई दोस्ती से वह ना खुश थे । लेकिन मेरा तो वह एक अच्छा दोस्त बन चुका था। यह पंक्तियाँ मुझे कचोटती -तब तक रहीं , जब तक दो और पंक्तियों ने जन्म नहीं लिया-वो पंक्तियाँ थी" आदमी को चाहिए दुनिया में रहना इस तरह, जिस तरह तालाब के पानी में रहता है कॅवल ।" मैंने साहस जुटा कर यह पंक्तियाँ उन्हें सुना दी। उन्होंने हँस कर कह दिया कि शेर तो अच्छा है। मेरे हृदय के किसी कोने में मानो बीजारोपण हो गया | मैंने अपना उपनाम ' कॅवल' रख लिया। पिता जी की उर्दू भाषा पर पकड़ बहुत अच्छी थी, उन्हें शेर लिखने व सुनने का शौक था, वह यदा कदा स्वयंरचित अथवा उर्दू के महान कवियों गालिब, मीर तकी मीर , ज़ौक़, ज़फर , इक़बाल , नज़ीर ,मिज़ाज आदि अथवा सूफी कवि बुल्लेशाह की पंक्तियाँ सुना देते। दिन-प्रतिदिन जीवन में आने वाली विभिन्न परिस्थितयों के अनुकूल कहने के लिए कोई न कोई शेर उनके पास हमेशा ही रहता, जिसे वह अवसरानुकूल बहुत ही सहज भाव से सुना देते थे। मेरा शौक भी कुछ बढ़ा और मैंने उर्दू के अनेक उच्चस्तरीय कवियों द्वारा लिखित पुस्तकें जो उन दिनों हिंदी लिपि में प्रकाशित होती थी , पढ़ डाली , क्योंकि मैं कभी उर्दू का विद्यार्थी नहीं रहा | देखते ही देखते , पता ही नहीं लगा कि कब यह मेरे स्वभाव में शामिल हो गया और मैं अपने आसपास छोटी छोटी खुशियां, उदासियाँ, सूर्य की तपन, चाँद की ठंडक, ऑधिया, तूफान, बारिश, फूल और कांटे, नाती संबंधी - बहन-भाई आदि रिश्तों व सम्पूर्ण समाज के सुख-दुःख और न जाने क्या-क्या, कितने -कितने, कहाँ-कहाँ, पर बिखरे अहसासों को पकड़ने, समझने और उनको अल्फ़ाज़ देने की जाने अनजाने कोशिश करने लगा | कभी विफल तो कभी कुछ हद तक सफल भी रहा । ज़रूरतों ने रोजगार के

दरवाजे पर जा खड़ा किया। जीवन-द्वंद्व में कभी ऐसा भी लगा कि मेरे अहसास, मेरे अलफ़ाज़ भी कहीं खो से गए हों । मगर शौक जब आदत में शामिल हो जाए तो उसके बने रहने की संभावना तो रहती ही हैं । आदत हो जाए तो छूटती कहाँ हैं ?

एक रोज़ फुर्सत में सब नए पुराने कागज़ और उन पर लिखे शेर, नज़्में, गज़ले लेकर बैठा था| इनको कुछ शक्ल देने की सोची तो अंदर से आवाज़ आई कि तेरी नज़्में, तेरी गज़लें , तेरे अश्यार, तेरा शौक हैं पेशा नहीं । वैसे भी संकोची स्वभाव के कारण उच्चस्तरीय महान महाभुनावों को पढ़ने व सुनने के पश्चात अपने द्वारा किये गए प्रयत्न हमेशा कमतर ही लगे। अचानक मैंने देखा कि उस अवसर पर मेरा बेटा डॉ. विवेक और पुत्रवधू डॉ. आशिमा जो वहीँ खड़े थे- मेरी दुविधा को जैसे भांप गए हों, बोले- पापा आपअपना लेखन छपवाओ, हमारे लिए ही सही | मैंने साहस जुटाया कि अपने अनुभव, अपने अहसास , क्यों न अपने सभी प्रियजनों से साँझा करूँ। गत बीसियों वर्षों के अंतराल की कुछ कविताओं का संग्रह "परछाइयाँ " आपके हाथ में हैं।

परछाइयां प्रतीक हैं परिवर्तन की। जीवन चक्र की तरह अहसास भी बदलते रहते हैं- शैशवकाल की चंचलता , यौवन की मादकता, प्रौढ़ावस्था की बुद्धिमता और वृद्धावस्था की शिथिलता , अतिभौतिकता , आधुनिकता , मानवीय स्वाभाव की विसंगतियां ,बदलते हुए जीवन मूल्य तथा अनेकानेक दृश्य अदृश्य एहसास मानस पटल पर अपना प्रभाव छोड़ जाते हैं। जब जब जो भाव हावी हो गए , शायरी के किसी मापदंड से मुक्त हो कर कागज़ पर उतरने लगे। मैंने हिंदी और उर्दू के शब्दों का सहज मिलान करके इनको संजोने का प्रयत्न किया है। मैं कहाँ तक सफल हो पाया इसका फैसला तो आप ही करेंगे । मेरा कर्त्तव्य हो जाता है कि मैं उन सब के प्रति आभार व्यक्त करूँ जिन्होंने मुझे अपने प्रयतन सार्थक करने में अपना योगदान दिया। सर्व प्रथम मैं आभार प्रकट करता हूँ , जीवीएम इंस्टिट्यूट ऑफ़ टेक्नोलॉजी के डायरेक्टर प्रिंसिपल डॉ. मंजू पपरेजा जो इनफार्मेशन टेक्नोलॉजी के विशेषज्ञ हैं। मैं इस क्षेत्र से पूर्णतः अनभिज्ञ था, उनसे बहुत कुछ सीखने को तो मिला ही , हर पग पर उनके सहयोग एवं प्रोत्साहन

के लिए शब्द कम पड़ेंगे। मैं आभारी हूँ , गीता विद्या मंदिर कन्या महाविद्यालय की पूर्व प्राचार्या एवं हिंदी की विभागाध्यक्ष डॉ. रेनु भाटिया का जिनके सुझाव व मार्गदर्शन मेरे लिए अत्यंत अर्थपूर्ण रहे। आभारी हूँ मैं अपने सहकर्मी रहे एवं मित्र डॉ. विजय विद्यालंकार का जिनके सहयोग से कविताओं का चयन एवं क्रम चयन हो पाया । मुझे आभार व्यक्त करना है , विविध भाषाओं एवं कलाओं में पारंगत अपनी बहन डॉ. पद्मा कपिला का जिनके साथ अल्पावधि के लिए सहचर्चा और उनके द्वारा दिए गए सुझाव बहुत प्रेरणा पद रहे। अंत में आभार व्यक्त करता हूँ अपनी सहधर्मिणी , अपनी पत्नी , अपनी महबूब दोस्त डॉ. शकुंतला गक्खड़ का जिनसे सतत, सहज प्रेरणा सदा मिलती रही जिसके बिना इस रचना को जीवंत रूप देना संभव नहीं था | वैसे भी एक शौक का आदत बन जाना एक आकस्मिक घटना नहीं होती | उन्हीं के अनावरत सहयोग से ही यह सब संभव हो सका - उनके लिए दो शब्द कहनाअप्रासंगिक न होगा -

मेरी कविता कथा कहानी, सब कुछ तेरी बाबत है।

तू ही मेरी कमज़ोरी है , तू ही मेरी ताकत है।।

****

@डॉ. सुभाष गक्खड़ 'कंवल'

प्रस्तावना

आज का शिक्षक

मित्र है, मार्गदर्शक है , भ्राता है।

राष्ट्र का निर्माता है।

भाग्य वश मैं भी एक शिक्षक हूँ और नयी पीढ़ी को दिशा देते देते सामाजिक विषमताएँ मुझे सदा -सर्वदा आंदोलित करती रही। छात्रों की जिज्ञासाएं , बदलते जीवन मूल्य , कंक्रीट के जंगल मुझे सोचने को बाध्य करते रहे-

वही सूर्य, वही चाँद, वही तारे

वही प्रकृति की सौगाते हैं।

फिर भी इतना परिवर्तन क्यों? समाज में संस्कृति पतन , अपाहिज आदर्श, जातीय संक्रमण सब मेरे हृदयतल को व्यथा से आपूरित करते गए

-

हर तरफ आदमी, ,आदमी इंतहा

ढूंढने से मगर मिलता नहीं

एक भी आदमी।

बस इन्हीं पीड़ाओं व द्वंद्व से जूझना मेरा व्यथित मानस कब शब्दों में ढल गया, आभास ही न हुआ तो मानवता की तलाश करता 'परछाइयाँ' काव्यसंग्रह आप के करकमलों में समर्पित है। आपके स्नेहप्रसूनों का आकांक्षी रहूंगा।

****

इति शुभम॥

डॉ. सुभाष गक्खड़ 'कंवल'

आमुख

अनगिनत हृदयगान भावों का इज़हार है ज़िन्दगी ! क्यों न कुछ चुनिंदा व
मूल्य आधारित भावों को ही बना लें ज़िन्दगी ,

क्योंकि मानवता के जो काम आए वही तो है जिंदगी -

क्यों न हम प्यार करें ,

इक दूजे का सत्कार करें।

कोई देव नहीं , न दानव है,

आखिर तो हम सब मानव हैं।।

****

डॉ. सुभाष गक्खड़ 'कंवल'

1. ज़िन्दगी मेरी कलम

ज़िंदगी मेरी किताब
ज़िंदगी मेरी कलम ।
ज़िंदगी मेरी खुदा
ज़िंदगी मेरी सनम ।
देखता और समझता,
इसको सदा रहता हूं मैं ।
मुंह से जो न कह सकूं,
कलम से कहता हूं मैं ।
लाख इसको समझने की,
कोशिशें करता रहा ।
बहुत इसको परखने की,
कोशिशें करता रहा ।
यह किसी मैय्यार पर-
उतरे खरी, लगता नहीं ।
इसका मुजरिम हूं मुझे
कर दे बरी लगता नहीं ।
हां अगर मिल जाए उल्फ़त,
तो मज़ा है ज़िंदगी ।
गर मोहब्बत न मिले,
तो इक सज़ा है ज़िंदगी ।

2. समझदार

कल तक
हम बच्चे थे
पूर्णतः अनभिज्ञ,
भेदभाव, राग द्वेष, नीति से,
तथाकथित शिष्टाचार से।
जो जैसा लगता
गलत - ठीक, झूठ - सच
यह सोचे बिना कि
किसको? कहाँ, कितना? कब?
कैसे? क्या?
कहना है - कह देते थे।
यह सोचे बिना कि
मेरे कब, क्या, कहने
अथवा करने से
किसको, कब कितना लाभ
अथवा हानि हो सकती है
कह देते थे
और फिर
जो भी हो - सह लेते थे।
लोग कहते थे
अभी बच्चा है
अकल का कच्चा है।
और आज
जब सीख गए हैं -

साम, दाम, दण्ड, रंग भेद, नीति
झूठ, गुटबंदी, कुटिलता,
बनावटीपन, चाटुकारिता,
और जाने क्या क्या -
समाज, मानने लगा है|
कि
हम समझदार हो गए हैं|

भूख

वह
उसके प्यार में अँधा था
उसने
अपने जिस्म का गोश्त तक
भून कर
अपने प्रियतम को परोस दिया
लेकिन
प्रियतम
फिर भी
रहा ,नाखुश !
वास्तव में
उसको तो भूख
इसकी रूह की थी ,
शरीर की नहीं ||

3. शराफत

दौरे ज़िल्लत और ज़लालत में शराफत की बात
ऐसे लगती है
जैसे हो
बगावत की बात।
बात फिर भी मैं किया करता हूं।
दौरे ज़िल्लत और ज़लालत में
शराफत की बात
जानता हूं मैं कुछ वज़न नहीं रखती
बात फिर भी मैं किया करता हूं।
हर ज़लील जहां कामयाब हो साकी
वहां शराफत कहां रही बाकी?
इस ज़मीन पर
बीज यह नहीं टिकता
खून से सींच करके देखा है
फूल शराफत का अब नहीं खिलता।
जानता हूं मैं इन अंधेरों में
दूर तक
दूर तक रोशनी न पायेगी
जानता हूं मैं कूक कोयल की
काँय काँय में खो ही जाएगी
गीत कुछ फिर भी गुनगुनाता हूं
इन अंधेरों में फिर भी
चुपके से
एक नन्हा दिया जलाता हूं

ढूंढने से
मुझे कहीं शायद
भीड़ में आदमी ही मिल जाए
चंद लम्हों के लिए हो बेशक
इक शराफत का फूल खिल जाए।
सोच कर यह ही जिया करता हूं
जानता हूं
कुछ भी वज़न नहीं रखती
दौरे ज़िल्लत में शराफत की बात
बात फिर भी मैं किया करता हूं।

व्यसक

समझदार -जब
मनुष्य नहीं रहता
लोग मानने लगते हैं
कि अब बच्चा नहीं रहा
व्यस्क हो गया है।

4. यह जीवन है

यह जीवन है
इस जीवन में
कुछ पल के जीने की खातिर
पल पल हमको मरना पड़ता है
जाने क्या क्या करना पड़ता है?
लेकिन फिर भी
हम जीते हैं
हम हँसते हैं, हम खाते हैं, हम पीते हैं
मुस्काने की बात नहीं होती है
फिर भी
मुस्काते हैं
बड़ी कठिनता से हम आंसू
छिपा पाते है ।
अक्सर हम को पेट मिला है
इसको भी भरना होता है
इस जीवन में,
कुछ पल के जीने की खातिर
पल पल हमको मरना पड़ता है ।
जाने क्या क्या करना पड़ता है ।
मंदअक्ल को अक्लमंद कहना पड़ता है ।
जो चाहते हैं कह नहीं पाते
नहीं जो चाहते, वो करते हैं
सब अन्याय हम पर होता
पर फिर भी, सहना पड़ता है ।

अक्सर जिसकी शक्ल देखकर
दुःख होता है
अक्सर जिसका नाम नहीं
सुनने के इच्छुक,
जीने की खातिर
सर
उसके दर पर धरना पड़ता है |
कुछ पल के जीने की खातिर,
पल पल हमको मरना पड़ता है।
ऐसे भी कुछ दोस्त मिले हैं
जो कहते है
कायरता है, कमज़ोरी है,
तुम ऐसी बातें करते हो
जैसे कुछ सम्मान नहीं है।
या
हम में कुछ जान नहीं है!
हम जो चाहें, पा सकते हैं,
न मिल पाए, ढा सकते हैं
जीना चाहें, जी सकते हैं,
मरना चाहें, मर सकते हैं।
छाना चाहें जिस पर भी
हम छा सकते हैं |
जीवन को तुम कुछ भी कह लो
मजबूरी का नाम नहीं है!
लेकिन,
जब उन पर बन आती
चुप रह जाते
सब अन्याय उन पर होता
सह जाते हैं

जैसे उनको कह देते हैं
कह जाते हैं
ऊँचे ऊँचे महलों को ढा देने वाले
खुद खंडहर बन रह जाते हैं।
हमसे मिले
तो पूछा हमने,
बोलो !
अब सम्मान कहाँ है ?
बतलाओ ईमान कहाँ है ?
हंस कर बोले, छोड़ो भाई,
सब बातें हैं
और बातों में क्या रखा है?
हमको भी तो पेट मिला है
इसको भी भरना होता है |
यह जीवन है
इस जीवन में ,
जाने क्या क्या
करना पड़ता है |
कुछ पल के जीने की खातिर
पल पल हमको मरना पड़ता है ||

5. दिल की तसल्ली

सफ़र में धूल उठी
आंधी समझ लिया
पांव कुछ थक से गए
गर्दिशे वक्त कहा।
बहाने ढूंढते रहे
दिल की तसल्ली के लिए
और कोसते रहे
औरों को, सबको या किस्मत को ।
अपनी कमियों पर - ध्यान कभी नहीं पड़ा।
कभी जा भी पड़ा
तो लाख चाह कर भी
अपनी कमियां दूर नहीं कर पाए।
सोचता हूँ
कैसे होते हैं वो लोग
जो ज़माने को बदल देते हैं
हमसे, आदतें अपनी ही
बदली न गयीं ।

6. भंवरे! सीख तू प्यार निभाना

भंवरे ,सीख तू प्यार निभाना ।
जहां तहां से कुछ कुछ लेकर
अपने घर ले आना
तेरा काम है जहां तहां से
रस पीना उड़ जाना
ऐसा भी क्या जीना पगले
ऐसा क्या मर जाना
भंवरे, सीख तूं प्यार निभाना ।
देख पतंगा, प्रेम की खातिर
जल जल कर मर जाए
प्रीतम को पाने की खातिर
अपना अस्तित्व मिटाए
कभी न कहता वह प्रीतम से
तूने प्यार न जाना
भंवरे ,सीख तूं प्यार निभाना ।।

7. खोखलापन

गलतियों पर गलतियां करते हैं हम
इस पे भी यह आंख शरमाती नहीं !
झूठ को सच कर सकें साबित यही धुन हैं सदा
गलतियां सुधारना चाहते नहीं !
झूठ को स्वीकार लें हिम्मत कहाँ ?
दोहरे तीहरे बन गए व्यक्तित्व आज
इस कदर कुछ आज बदला हैं समाज
जो हमें करना हैं, वो करते नहीं!
दोस्तों की दोस्तों से चुगलियां
तुच्छ लाभों के लिए रस्साकशी
बहुत ही आदर्शवादी बन गए
पर सभी आदर्श दुनिया के लिए
बाहरी व्यक्तित्व हावी हो गए
हा ! मगर अंदर से कितने खोखले

८. होली

आज सुबह, एक मित्र
घर आए - बैठे
कॉफी का कप पीते पीते
उदास हो गए
पूछने लगे - यार ज़िंदगी क्या है?
मैं कौन हूँ, तुम कौन हो, क्यों हो?
किसके लिए हो?
तेरे मेरे जीवन का मकसद क्या है?
तुम्हे मालूम हो शायद
क्या तेरा और मेरा जीवन
प्रकृति के लिए
आधारभूत आवश्यकता थी
अथवा मात्र विलासता?
अथवा खाली समय में
अठखेलियां करते हुए, उसने
कुछ बुत बना डाले |
कह दिया मैंने उसे,
अरे दोस्त
आज होली है,
हर तरफ रंग है, गुलाल है,
कम से कम
आज के दिन
गुलाल का रंग मुँह से
जब तक उतर नहीं जाता

यही सोच लो -
मन बहलाने के लिए ही सही
कि तुम और मैं
प्रकृति की इष्टतम कृति हैं,
और सृष्टि का निर्माण
मात्र
हमारे लिए ही हुआ है
हम ही इसके निर्माता हैं
हम ही हैं, इसके उपभोक्ता!!

9. ज़िंदगी

आम है कत्ल डाकाज़नी आजकल
कौन सी चीज़ की है कमी आजकल
दौरे काबा बने हैं सियासत का घर
कोई कैसे करें बंदगी आजकल
भाई के खून का भाई प्यासा हुआ
बढ़ गई है बहुत तशनगी आजकल
था भरोसे पे जिसके चमन खुशनुमा
खाक में मिल गई वह कली आजकल
ज़िंदगी में बहुत ही हैं दुश्वारियां
ज़िंदगी है कहां ज़िंदगी आजकल ||

10. हम मज़दूर

एक मुद्दत से , चले जा रहे है
पीठ झुकाये, पेट पिचकाए
लगातार
कोड़े खाते , लड़खड़ाते
ज़िंदगी का सलीब
पीठ पर लादे हुए
नाउम्मीद
जाने - कभी पहुंचेंगे या नहीं
उन ऊचाईयों पर
जहां सलीब के साथ
हमें भी गाड़ दिया जायेगा
फिर शायद
याद किये जायेंगे
नहीं - बिलकुल नहीं
हमें याद कोई क्यों करने लगा?
हम कोई मसीहा तो नहीं |

11. शायरी का शौक

आज,
इस सरमायेदारी के वक़्त में
दिल मेरा यह कह रहा है
छोड़ दे - तू शायरी का
शौक अपना छोड़ दे !
आज के माहौल में
सरमाया तुझ को चाहिए
इंसान के दिल की यहाँ
कुछ भी तो कीमत नहीं
कद्र - अब उसकी है जो
इन्सां ओहदेदार है
इंसान सियासतदान है !
नज़म तेरी , दिल में पैदा,
रहम कर सकती ज़रूर
पर तुम्हारे पेट को
यह कलम भर सकती नहीं
पैदा कर सकती नहीं
तुझ में यह हिम्मत इस कद्र
कुछ कर सके
कुछ बन सके, कुछ बढ़ सके
तू जिंदगी के दौर में
कुछ कर सके!
कुछ भी कर सकती नहीं
यह कुछ भी कर सकती नहीं !

तकनीक के इस दौर में
जो इल्म तुझको चाहिए
सम्मान तुझको चाहिए
जो नाम तुझको चाहिए
पेट भर खाने को जो कुछ
काम तुमको चाहिए
यह काम दे सकती नहीं
पेट भर सकती नहीं तो
कुछ भी कर सकती नहीं !
फाड़ कर अपना गला
बाहें पसारे कह रहा है
वक़्त सरमाये का आज
छोड़ दे तू शायरी का
शौक अपना छोड़ दे !
तेरी राहों में रुकावट
बन न जाये यह कहीं
झाड़ियां काटों की बनकर
राह न रोके कहीं !
यह फूल बन सकती नहीं
रहबर भी बन सकती नहीं
सिर्फ भर सकती है दिल में
यह मोहब्बत ऐ 'कँवल'
और मोहब्बत की यहाँ
कुछ भी तो कीमत नहीं!
फाड़ कर अपना गला
बाहें पसारे कह रहा है
वक़्त सरमाये का आज
छोड़ दे तू शायरी का
शौक अपना छोड़ दे !

12. बुरा लगता है

बातों से जी को बहलाना
चार कदम न साथ निभाना
अपना मकसद हल करने को
गैरों से अपनत्व बढ़ाना
मुझको बहुत बुरा लगता है।
किसका किससे ताना बाना
मतलब है मकसद को पाना
गरज़ पड़े तो खुशामद करना
निकले काम तो आँख दिखाना
मुझको बहुत बुरा लगता है।
यह आया इसको हाँ कर दी
वह आया उसको हाँ कर दी
न करना कुछ काम किसी का
सब को झूठी आस दिलाना
मुझको बहुत बुरा लगता है।
इसको भी उलझन में डाला
उसको भी उलझन में डाला
नर्क बना कर सब का जीवन
अपना जीवन सफल बनाना
मुझको बहुत बुरा लगता है।
बात इधर की उधर लगाना
इसे हँसाना उसे रुलाना
राजनीति करते रहना और
जीवन को षड्यन्त्र बनाना

मुझको बहुत बुरा लगता है ।

पहले प्यार का हाथ बढ़ाना
आगे बढ़कर गले लगाना
एतमाद के काबिल बनकर
छिप कर के आघात लगाना

मुझको बहुत बुरा लगता है ।

लेना ख्वाब बुरा नहीं है
तसव्वर कोई गुनाह नहीं है
सार नहीं हो जिन ख़्वाबो का
उनसे अपना जी बहलाना

मुझको बहुत बुरा लगता है ।

न तो राम को ही अपनाना
न रावण को ही झुठलाना
दोनों की प्रशंसा करना
दोनों को ही सही बताना

मुझको बहुत बुरा लगता है ।

ऐसा गर कर दें तो क्या है
वैसा गर कर दें तो क्या है
सोच है अपनी -२ कह कर
मन में जो आये कर जाना

मुझको बहुत बुरा लगता है।

भगवे कपड़ों को है पहना
कहने को मानवता गहना
जग को झूठी आस दिलाकर
सच्चाई को ही झुठलाना

मुझको बहुत बुरा लगता है ।

कल क्या होगा किसने जाना
आज को हमने सब कुछ माना
अनजाने परलोक की खातिर

वर्तमान को नर्क बनाना
                मुझको बहुत बुरा लगता है|
यह भी मिल जाये तो अच्छा
वह भी मिल जाये तो अच्छा
सुख सुविधाएँ ज्यादा पा कर
तन मन को इक रोग लगाना
                मुझको बहुत बुरा लगता है|
सच्चाई को है स्वीकारा
और झूठ से किया किनारा
तर्क जुटा कर दुनिया भर के
झूठ को सच्च करके दिखलाना
                मुझको बहुत बुरा लगता है|
जीवन एक अनिश्चितता है
कल क्या होगा किसे पता है
अनिश्चताओं के चक्कर में
हासिल है जो उसे गँवाना
                मुझको बहुत बुरा लगता है |
इसको भी नीचा दिखलाना
उसको भी जग में झुठलाना
खुद न चलना एक कदम भी
औरो के पदि्चन्ह मिटाना
                मुझको बहुत बुरा लगता है|
जीवन हैं तो ग़म भी होंगे
दिल है गर तो ज़ख़्म भी होंगे
घबरा करके रंजो गम से
आँखों में आँसू भर लाना
                मुझको बहुत बुरा लगता है |
पहले भी आए बहुतेरे
और भी आएँगे बहुतेरे

छाप न छोड़ी कोई अपनी
जैसे आये वैसे जाना
                मुझको बहुत बुरा लगता है ।
इस पर भी आरोप लगाना
उस पर भी आरोप लगाना
सारे जग को बुरा बताकर
खुद भी वैसे ही बन जाना
                मुझको बहुत बुरा लगता है।
जीवन अमृत का प्याला है
खुशियाँ भर लाने वाला है
ज़हर घोल करके नफरत का
इसमें कड़वाहट फैलाना
                मुझको बहुत बुरा लगता है।
काम जो अपने हिस्से आया
यथा सामर्थ करके दिखलाया
हर ऐरे गैरे कामों में
नाहक अपनी टाँग अड़ाना
                मुझको बहुत बुरा लगता है।
भला बुरा सब ठीक बताना
मन में जो आए कर जाना
सारी दुनियाँ को ठुकराकर
अपनी राह पर चलते जाना
                मुझको बहुत बुरा लगता है ।
बढ़ चढ़ कर के प्यार दिखाना
हर इक शख्स को गले लगाना
ज़हन में उतनी ज्यादा नफरत
जितना ऊपर से मुस्काना
                मुझको बहुत बुरा लगता है ।
कहने को जग खातिर जीना

कहने को जग खातिर मरना
जीना मरना अपनी खातिर
औरों पर अहसान जताना
          मुझको बहुत बुरा लगता है ।
कभी गरीबी दूर भगाना
कभी भ्रष्टाचार मिटाना
जनता को इक नारा देकर
अपना घर भर कर ले जाना
          मुझको बहुत बुरा लगता है ।

13. प्रेरणा

'सोहम' नर्सरी में पढ़ता है
और प्रेरणा भी
दोनों एक ही बैंच पर बैठते हैं !
गत दिवस
सोहम
बहुत ही खुश घर आया !
उसने
मम्मी को बताया !
मम्मा
"प्रेरणा मुझे बहुत प्यार करती है"
मैं, उसे
प्यार से प्रे कहता हूँ
वह मुझे
शोमी कह कर बुलाती है
आप भी मुझे
शोमी कहा करो न
बहुत अच्छा लगता है
मम्मा
अत्याधिक हत्प्रभ
बोली
बेटा ! तुझे कैसे पता चला
कि
प्रेरणा, तुझे प्यार करती है?
बहुत ही सहज

मगर
स्पाट सा उत्तर दिया था उसने -
"आज प्रे ने मेरा हाथ चूम लिया"
आपको भी जब मुझ पर प्यार आता है
आप मुझे चूम लेते हो
दादी भी जब प्यार करती है
ऐसा ही करती है
और दादू ?
दादू भी जब प्यार करते हैं
वह भी मुझे चूम लेते हैं !

14. आखिर तो हम सब मानव हैं

न तुम ही राहें भूले
न मैं ही गुमराह हुआ
कुछ तुझमें खूबी होगी
कुछ मुझ में कमी रही होगी |
तुझमें कमी रही होगी
कुछ मुझ में खूबी होगी
कुछ न कुछ तो होगा ही
कुछ न कुछ जो होता है |
कुछ तो वजह रही होगी
कुछ न कुछ जो होता है
होना था जो ठीक हुआ
जो होगा सो होगा ठीक |
देव नहीं न ईश्वर है
दैत्य नही न दानव है
कुछ खूबी हैं कुछ कमियां है
आखिर तो हम मानव हैं |
अब ऐसा हो सकता है
मिल बैठें बातें कर ले
गुण बांटें या न बांटें
कमियां हों तो कम कर लें |
मिल बैठें फिर प्यार करें
इक दूजे का सत्कार करें

जो खोया है न ज़िक्र करें
जो हासिल है स्वीकार करें |
पास हमारे इतना कुछ है
फिर भी क्यों हम नाखुश हैं
कुछ तो कमी रही होगी
बैठें ,कुछ विचार करें |
दिमाग एक बहता दरिया
दिल में हैं उठती लहरें
मंथन करके तो देखें
कुछ न कुछ तो निकलेगा |
अमृत निकले अमृत पी लें
निकले ज़हर, ज़हर ही पी लें
जिससे अपनी खुशी बढ़ें
ऐसा जीवन हम जी लें |
तुझ में मुझ में कुछ फर्क नहीं
न मैं रहीम न राम है तू
न कोई नानक है, न ईसा है
न कृष्ण न कोई है करीम |
फिर इतनी नफरत क्यों है?
फिर इतनी क्या आफत है?
फिर क्यों न मिलकर बैठें
फिर क्यों न हम प्यार करें |
फिर क्यों न हम प्यार करें
इक दूजे का सत्कार करें
कोई देव नहीं न दानव है

आखिर तो हम सब मानव हैं |

15. हमारे जवान

आओ
कुछ क्षण
नमन करे
उन शहीदों को
जिनकी शहादत
उनके मां बाप के लिए गर्व है
देश के लिए गर्व है |
जिनकी सेवाएँ
एक ढाल हैं
हमारे लिए
जिसके बूते पर
हम सह जाते है
आतंक की तलवार का हर वार
और
मौत के साए में भी
ले सकते है
आराम की नींद |
आओ
समर्पित करें
अपनी दुआएं
उन शहीदों के नाम
जो न हिंदू थे
न सिख, न इसाई
न मुसलमान

मगर सबसे महान, हमारे जवान
वास्तव में इंसान |

अदीब

ऐशो इशरत
का सामान
इतना जुटा लिया
पहिले से भी
कहीं ज्यादा
गरीब हो गए।
लफ्जों को तोड़ मोड़ कर
कुछ छंद लिख दिए
समझने लगे कि - हम अदीब हो गए।

16. एक अहसास

उदास से हो जाते हैं
जब कभी
एहसास सा होता है
इस माहौल में
जीना है, गोया खुदकशी |
हंसना क्या है ?
मानो गम को ही छुपाना है
और उल्फत ?
उल्फत है गोया दिल्लगी !
यही एहसास
पहले भी कभी-कभी होता था
पर भूल ही जाते थे वह लम्हे
जो कुछ लम्हों के लिए आते थे
चले जाते थे
मगर
इस बार
ऐसा लगता है
कि
इक छाप सी छोड़ गया है - यह एहसास
एक छाप,एक सच्चाई ,एक कड़वाहट
कि
आबो- दाने के लिए हमको
चाहे ,अनचाहे
बहुत कुछ करना होता है

चंद लम्हों की जिंदगी के लिए
बार-बार मरना होता है |

उन्मूलन

घर से
निकले थे
जीतने दुनिया
घर अपना
हमसे
सम्भाला न गया
उन्मूलन
कर तो दिया
गरीबी का
गरीब के मुँह में
निवाला न गया

17. रेशम का कीड़ा

रेशम के कीड़े ने
आदमी से कहा
किसलिए
व्यर्थ ही
इतराता है
बात बात पर
खाने को आता है ।
एक मैं हूँ
जो
बहुत सहज
स्वभाव वश
अपने में मस्त
सदा से रेशम बुनता आया हूँ
किसी से कभी कुछ नहीं कहा ।
एक तुम हो
जिसने
अनेक सालों की कोशिश से
खोज से
एक टैरीन का धागा क्या बना लिया
मानो
खुद को खुदा ही समझ बैठा ।

18. आधा अधूरा विश्वास

मेरे दोस्त
कहने को
विश्वास
तुमने ,मुझे पूरा दिया |
दरअसल
आधा ,अधूरा दिया |
ठीक भी है
मैं कोई भगवान तो नहीं हूँ
शायद
ढंग का ,इंसान भी नहीं हूँ |
और विश्वास
भगवान को भी
पूरा कौन देता है ?
सब
आधा अधूरा ही देते हैं |
उससे
कब ? क्या ? कितना ?
मिलने की उम्मीद है / मिलता है
उसके अनुरूप ही उसे देते हैं |
और
कुछ गिला भी नहीं है
मुझको |
मैं
जानता हूं

जब तक बात

खुद पर न आए ,

तब तक ही दोस्त ,दोस्त है

भ्राता है , तात है, पिता है, माता है,

ज़रा सी बात

खुद पर आए

तो

आदमी

सब को ठुकराता है

अपनी औकात दिखाता है |

कौन ? किसका दोस्त है ? नाती है, भ्राता है

स्वयं से परे

किसका

किस से

क्या नाता है ?

19. मांगता हूँ

मांगता हूं मैं
तुमसे
खुशी की मुझे
भीख दे दो प्रिये!
क्या है
जो तुमने ना मुझको दिया
कहने को मेरा
हर दुख हर लिया
मेरे हृदय का हर ज़ख़्म है सिया
पर जो मांगा किया
वह न तुमने दिया,
मांगता हूं मैं तुमसे
खुशी की मुझे भीख दे दो प्रिये!
मैंने मांगी नहीं
तुमसे अपनी उम्र
अपना स्वास्थ्य ,
कोई सेवा ,सुश्रुषा ,
सम्पति , फ़ायदा
कोई
धर्म का ,अर्थ का ,
काम का ,वायदा मैंने मांगा नहीं !
प्यार करता रहा
तुझ पर मरता रहा
तुमसे मैंने कभी प्यार की भी ,

अभिव्यक्ति मांगी नहीं!
मांगता हूं मैं तुझसे
खुशी की मुझे
भीख दे दो प्रिये!
खून देता रहा
जान देता रहा
डगमगाती रही
जिंदगी के भंवर में मेरी नाव
फिर भी मैं खेता रहा |
हर खुशी
अपने जीवन की ,कुर्बान की
तेरी खातिर सदा
लगाई है मैंने
आंसुओं की झड़ी |
चुनता रहा,
आँख के मोतिओं का
सहारा लिए
मन की आशाओं
के फूल, मैं दरबदर |
मांगता हूं मैं
तुमसे
खुशी की मुझे
भीख दे दो प्रिये |
दिल है तेरा
उल्फत से भरा
लचीली कमर हंस- हँसाता बदन
और
चेहरा तेरा
लग रहा है ज्यूँ

मोतियों से जड़ा |
खून से ही सदा
सींचता मैं रहा
तेरी आशाओं के खेत
करता रहा मैं
हरे व भरे
पर
तेरे आंसुओं की
प्रखर बाढ़ ने
झटका ऐसा दिया
कि
हिला ही दिया
मेरा मन
और मेरी
खुशी छीन ली |
हर खुशी
लुट गई
जैसे
गिर से गए हों
सपनों के महल
आशाओं की माला
के मनके मेरे
सब बिखर से गए |
मांगता हूं मैं
तुमसे
खुशी की मुझे
भीख दे दो प्रिये |
मांगता हूं मैं तुझ से
तेरा ही स्वस्थ तन

इसलिए कि रहे
हर वक्त स्वस्थ मन |
जो है तुमने दिया
वह, ज़्यादा बहुत
जो मैं मांगा किया
मुझको
वह न मिला!
मांगता हूं मैं
तुमसे
तुम्हारी खुशी |
मांगता हूं मैं तुमसे
खुशी की मझे भीख दे दो प्रिये |

20. सब्र

भूख
इस क़द्र बढ़ी है
कि झपट पड़ते हैं पाने को
हर चीज़
जिसे भी देखते हैं
जिस बारे
सुनते हैं
और हौंसला
फिसलता गया इसी छिना झपटी में |
कुदरत ने दिया है
कितना कुछ
एहसास ही नहीं रहा |

21. हमारा रिश्ता

मैं ठीक
वही कहता हूं
वही करता हूं
आपको जो प्रिय है
निश्चय ही
मैं आपसे बहुत प्यार करता हूँ |
आप भी मुझसे उतना ही प्यार करते हो
शायद,
उससे भी कहीं अधिक
लेकिन ,
कभी
भूले से भी
मैं वह बात कह दूं
अथवा
वह काम कर दूं
जो आपको प्रिय न हो,
आप रूठ जाते हो
आप से सहन नहीं होता
आपको लगता है
मैं आपसे कतई प्यार नहीं करता |
लो ,
यह क्या हुआ
अभी अभी तो रूठे थे
आप फिर

हमेशा की तरह
वैसे ही मुझे चाहने लगे
आखिर
हमारा रिश्ता क्या है ?
यह तो प्यार नहीं होता,
पर, शायद
इसे ही
प्यार कहते हैं |

22. माँ - बाप

बच्चे,
मां-बाप से
बहुत प्यार करते हैं
उन्हें चाहते हैं
समय समय पर जताते हैं
मम्मा |
आप बहुत अच्छे हो
यू आर द बैस्ट मम्मा इन द वर्ल्ड |
पापा !
यू आर द बैस्ट पापा इन द वर्ल्ड |
बच्चे
मां-बाप को अच्छी तरह से नहीं जानते
मैं समझ सकता हूँ ,
बाप बन गया हूं न |
मां बाप श्रद्धा के पात्र होते हैं !
इसलिए नहीं कि वह, बहुत अच्छे हैं
बल्कि
इसलिए, कि वह मां-बाप हैं |
मां बाप ,
मां बाप होते हैं |
मां-बाप ,
अच्छे बुरे नहीं होते

23. परछाइयाँ

परछाइयां उभरती हैं
आज का युग कलियुग है
मशीन का युग है
और इसका युग पुरुष है
पूँजीपति !
परंपरावादी ,घटिया ,परंतु सफल
समर्थ, समृद्ध
पैसे की ताकत में चूर
सब गलत काम करता है
कुछ भी ठीक नहीं करता !
दम्भी इतना
कि
मौत से भी नहीं डरता !
अपने सेवकों पर
दीन हीनों पर दनदनाता है
उनको डराता है
लेकिन,
अपने से अधिक ताक़तवर से
घबराता है
मजदूरों का, सरकार का,
बैंकों का पैसा
बड़ी सफाई से खाता है
फ़क़त
पैसा ही उसका मज़हब है!

दानी इतना
कि
सभी सियासी दलों को चंदा देता है !
बुद्धू बनाता है
और
अधिकार से मांगता है
सम्मान
श्रमकों से,संस्थाओं से ,
बेटों से, बहुओं से,
सभी से !
समझता है
कि
पूर्ण समाज
उसी पर ही आश्रित है
और उसके सिवा
और खुदा कोई नहीं !
परछाइयां उभरती हैं !
आज का
बांके बिहारी
कलियुग का कृष्ण
वह नहीं
जो
कौरवों को सेना देते थे
और
पांडवों को
देते थे दिशा,सन्मति, आशीर्वाद !
आज का कृष्ण
नीति से,फरेब से,
धोखे से, झूठ से ,

सर्व स्वीकार्य होने का ढोंग रचता है
कर्म, माया ,योग
सुख-दुख विवेक
धर्म अधर्म विश्लेषण ..
इन सबसे ऊपर है
उसका व्यवहार
अत्यधिक कुशल
सर्वगुण संपन्न होने का दावा करता है
निजी हित के लिए
सार्वजनिक हित के नाम पर
पांडवों को ढाढस बंधाता है
रिश्ते ,नाते ,संबंध ,व्यर्थ बतलाकर
उनको
धर्म और अधिकारों के नाम पर
उकसाता है!
कूटनीति से,
कौरव पांडवों को
एक दूसरे के समक्ष
खड़ा कर
कुरुक्षेत्र रचाता है
और
ऐन मौके पर
अपनी सुविधा के अनुकूल
यदि
लाभप्रद लगे
तो
अर्जुन का साथ छोड़कर
दुर्योधन के रथ पर
सवार हो जाता है

और इस तरह
अपना प्रभुत्व दिखलाता है !
परछाइयाँ उभरती हैं !
कलियुग का भीष्म, उन
पितामह की तरह नहीं
जो
तन से, मन से ,
सशक्त ,विशाल ,गंभीर और उदार हो
बलिदान की प्रतिमूर्ति हो,
हस्तिनापुर को समर्पित हो !
आज का भीष्म
सेवक धर्म को समर्पित
द्रोपती चीरहरण के समय टूटता नहीं चरमराता नहीं
बल्कि दुशासन को
झटक कर गिराता है
और
चीर हरण का कर्तव्य
खुद ही निभाता है !
इतना कमसमझ भी नहीं
कि
कोई
उसके सामने
शिखंडी को खड़ा करके
उसकी जान ही ले ले
उसके तरकश में हर तीर
उसके लिए है
जिसे वह अपना दुश्मन समझता है
भले ही ,वह
शिखंडी हो, पुत्र अथवा पौत्र हो

बहू अथवा बेटी हो !
सवाल अपने अस्तित्व का है
सिद्धांत का नहीं !
हस्तिनापुर भीष्म से है
भीष्म
हस्तिनापुर से नहीं !
परछाइयां उभरती हैं !
आज का शिक्षक
द्रोणाचार्य नहीं
जो
सेवा धर्म को समर्पित
केवल
राजकुमारों को ही पढ़ाता है
और
देव योग से - अथवा साधना से
अगर कोई और व्यक्ति
उनसे
आगे बढ़ता नजर आए तो
तो उससे
दीक्षा में
उसका अंगूठा ही मांग लेता है !
आज का आचार्य
कोई विष्णु शर्मा भी नहीं
जो फूहड़ राजकुमारों को
उच्चस्तरीय कूटनीतिज़ बना दे !
आज का शिक्षक
न भारद्वाज, न पाराशर,
न भृगु ,कृपाचार्य अथवा वेदव्यास
परशुराम अथवा विश्वामित्र

न ब्राह्मण,
न क्षत्रिय, वैश्य अथवा शूद्र है
केवल
एक व्यक्ति है
सामान्य व्यक्ति
एक श्रमिक
जो अपनी ज़रूरतों के लिए
अपनी सेवाएं बेचता है
मगर खुद को नहीं बेचता !
केवल
ब्राह्मण अथवा केवल क्षत्रियों को ही नहीं
बल्कि
सभी को ज्ञान देता है
दिशा देता है
आज का शिक्षक
मित्र है , मार्गदर्शक है, भ्राता है
राष्ट्र का निर्माता है
यह और बात है
कि उसे ,बहुत बार
योग्यता के अनुरूप
काम नहीं मिलता
अथवा
काम के अनुरूप
इनाम नहीं मिलता !
परछाईयां उभरती हैं ...
आज की राधिका
वह नहीं
जो अपने प्रियतम को
अपने कृष्ण को समर्पित थी

जिसका हर श्वास उसी के लिए था
जिसकी रगों में लहू
उसी का था
रोम रोम में व्याप्त थीं
उसी के लिए, दुआएं
शुभकामनाएं
राधिका थी नख से शिख तक
प्यार ही प्यार !
निजी शारीरिक सुख
उसका ध्येय न था !
आज की राधिका
एक दोस्त है, बीवी है ,
बेशक ,
शारीरिक सुख
उसके लिए महत्वपूर्ण है
तितली की तरह अतृप्त,
शहद की मक्खी की तरह
भौतिक सुखों के फूल फूल पर
दस्तक देती है
जाने कहां-कहां से
खुशियां बटोरती है
मगर
वह मात्र सुंदर नहीं, नाज़नींन नहीं,
मात्र प्रेमस्वरूपिनी नहीं
बल्कि
उससे भी कहीं अधिक है
वह सरस्वती है, लक्ष्मी है, श्रद्धा है ,
जरूरत पड़ने पर बलिदान की मूर्ति है सशक्तिकरण स्वरूपिणी है
दुर्गा है

और हां
है ,अपने अधिकारों के प्रति सचेत !
परछाईंया उभरती हैं....

24. सत्ता

वह कोई जन्मजात धृतराष्ट्र नहीं था,
राज सिंहासन पर क्या बैठा
चन्द दिनों में ही अंधा हो गया !
सत्ता का नशा भी क्या नशा है ?
सिर पर चढ़कर बोलता है।
अंततः घोषित करवाया राजा ने
जो आँखों को ठीक करेगा
वह पायेगा राह सिंहासन।
एक सन्यासी आया
उसने राजा को,
ठीक करने का बीड़ा उठाया ।
गरज़, तब तक डटा रहा
जब तक राजा को ठीक नहीं कर पाया ।
राजा बहुत खुश हुआ,
उसने अपना वचन निभाया,
सन्यासी को राजपाट दिलाया,
उसे सिंहासन पर बिठाया।
चंद दिनों में ही,
देखते ही देखते,
सन्यासी भी अन्धा हो गया।।

25. ज़िंदगी क्या है

ज़िंदगी क्या है? क्यों है ?

इसका मुद्दया क्या है ?

यही पेचीदा सवाल

समझने की कोशिश में

बराबर रहता हूं

वक़्त के थपेड़ों को

हंस-हंस के सहता हूं

सोचता हूं

क्यों है गम ज़दा -

सारा जहां ।

जाने इधर-उधर

किधर किधर भटकता है?

फिक्र में डूबा

रोशनी की जुस्तजू में

अंधेरे में फिरता है

शबे - दुनिया की ,शायद

कोई सुबह ही नहीं हो

या फिर

किसी को किसी पर भी न हो भरोसा ।

लाख सोचने समझने के बावजूद

उदासी का सबब जब समझ नहीं पाता,

तो दिलो दिमाग़ पर,

घने बादलों सा, मण्डराने लगता है ।

यही पेचीदा सवाल

ज़िंदगी क्या है ? क्यों है ?
इसका मुद्दया क्या है ?

स्वाभिमान

तथाकथित सम्मान
तो
हमने बचा लिया
पूछो न
इस जिहाद में
क्या कुछ गवाँ दिया।
जिस्म गया
रूह गई
आयामे ज़िंदगी गए
बेदी पे
स्वाभिमान की
सब कुछ लुटा दिया

26. प्यार का रिश्ता

प्यार का रिश्ता
ढूँढता फिरता रहा
इक उम्र
पर ,न मिल सका
मुझको कहीं भी
प्यार का रिश्ता
जो भी
रिश्ता मिला
था |
ग़रज़ का ,व्यापार का ,आभार का
था कही फिर
फ़र्ज़ का ,अधिकार का
ग़रज़
रिश्ते जो मिले
सब ग़रज़ के रिश्ते मिले |
बहुत ही दुर्लभ हुआ है
प्यार का रिश्ता |

27. अंतर

कल और आज
वही दिन हैं -वही रातें हैं
वही हम ,वही दिल
वही सूर्य, वही चांद, वही तारे
वही प्रकृति की सौगातें हैं
फिर भी
अंतर है -बहुत अंतर है !
वही मनुष्य, वही प्रकृति, वही मूल्य
वही आदर्श कल के
बार-बार हम
आज भी दोहराते हैं
फिर भी
अंतर है -बहुत अंतर है !
कल, शायद ,याद हो तुमको
तुमने देखा होगा, मेरे दोस्त
जब मैं आ रहा था
झूमता, अर्श चूमता , दुल्हा सा बना
साथ लिए ,आदर्शों की डोली,
अरमानों की बारात !
आज ?
आज का हाल न पूछ
देख !मेरे दोस्त, देख
कहीं दूर ,कोई खिंचा जा रहा है !
झूलता हुआ

चंद दोस्तों के कंधों पर
साथ बारात भी है, अरमानों की
मगर
मूक -बहुत मूक
और चली आ रही है, मूल्यों की अर्थी
जलने के लिए ,आदर्शों की चिता पर !
आज भी
वही दुल्हा है, वही अरमां हैं,
वही हम, वही दिल,वही चांद, वही सूर्य
वही तारे,वही प्रकृति की सौगातें हैं
कहने को आज भी
वही बातें हैं
फिर भी
अंतर है -बहुत अंतर है !

28. खेल

आपसे
हमें तो कुछ
कहा न गया
सारी दुनिया से दास्ताँ कह दी !
आप ही रहे हैं, बावफ़ा हर पल,
हमीं ने बेवफाई की !
लोग सब मान लेंगे,आपकी बात
और कुछ अरसे के लिए, आप भी
यह सोचकर
कि
किसी को क्या मालूम ?
सभी ने मान ही लिया होगा
बैठ जाओगे होकर के हल्के,
मानो
बोझा सा इक उतर ही गया !
लेकिन,
कभी रात के अंधेरों में
याद जब आपको सताएगी
न चाहोगे लाख, मगर फिर भी
याद पहरों ,आपको रुलायेगी !
रूह के तड़पते हुए साए
बन के बादल से जब छाएँगे
सब भुला कर के सोना चाहोगे
याद मेरी दिला 2 के मगर

मेरे साए ,आपको जगायेंगे
लाख न चाह कर के भी,
बारहा, ख्याल आएगा
खेल तो और भी अनेकों थे
ज़िंदगी से किसी की क्यों खेले !

29. याद तुम्हारी

लहर लहर लहलहाती दिल को
पहर पहर मुझको सहलाती
याद तुम्हारी, जब आ जाती !
कुछ न पूछो, आंखें
हाथ, पाँव, होंठ, सब ठहर से जाते
सुन्न हो जाते
भूख मिटाती, याद तुम्हारी जब आ जाती !
और कभी जब खाने लगता, खाता रहता
सोने लगता, सोता रहता
मानो कोई नशा पिलाती
याद तुम्हारी, जब आ जाती
.मिलना और बिछुड़ना तेरा
खिल खिल हंसना तेरा
और कभी मुरझाकर रोना
मन पर लाखों चित्र बनाती
याद तुम्हारी ,जब आ जाती !
जैसे खुश्क ज़मीं पर पड़कर
एक एक पानी की बूँदें
रिस रिस करके खो जाती हैं
या समझो ,
वर्षा की बूंदें
पानी में मिल कर के पानी
हो जाती हैं
वैसे ही खोकर के पाना, है सिखलाती

याद तुम्हारी, जब आ जाती !
और कभी जब
खुद से बेगाना हो जाता
या कभी
जब अंधियारों में
राह खो जाता
तो मुझको है राह दिखलाती
मुझको मुझसे ही मिलवाती
याद तुम्हारी ,जब आ जाती !

30. निर्धन रहूँगा

खून को पानी बना कर
तोड़ करके हड्डियों को
गर्म रातों में पसीने को बहाता
सर्द रातों में ठिठुरता
काम में तल्लीन होकर के
कमाता आ रहा था |
सोचता था -एक दिन
अपने लिए गुलज़ार होगा
न कमी पैसे की होगी
मान और सम्मान होगा
फिर बहारें ही बहारें
हर तरफ ही प्यार होगा |
सोचता था
मैं हूँ निर्धन पर सदा निर्धन न हूँगा ।
आज लेकिन
गौर से जब देखता हूँ
सोचता हूँ
क्या सभी
सिक्कों की झंकारे , यह कारें, मकबरे ?
क्या सभी
अपने पसीने को बहा कर
छोड़ कर के मोह ,
बच्चों का, बुज़ुर्गों का
अन्धेरे में ,सवेरे में

धूप में जलते रहे हैं ?
सहते रहे हैं
क्या सभी
बर्फ़ीली हवाओं के थपेड़े ?
इस तरह , जान अपनी तोड़ कर
क्या
काम सब करते रहें हैं ?
चन्द सिक्कों के लिए
देखा है मैंने
क्या कुछ नहीं करते हैं लोग ।
ढंग ही कुछ और हैं
पैसा कमाने के लिए
ढंग ही कुछ और हैं
सम्मान पाने के लिए ।
मुझको अपनाने नहीं हैं 'गलत ढंग '
सब पास रक्खो
मुझको धन दौलत बहुत न चाहिए
तुम पास रक्खो
मैं हूँ निर्धन
और सदा निर्धन ही रहूँगा ।

31. बचपन

यह बचपन है
इस बचपन को
क्या करना है ? क्यों करना है ?
ऐसी कुछ परवाह नहीं है !
यह बचपन है !
नहीं जानता - क्या यौवन है?
क्या यौवन की मादकता है?
क्या बुढ़ापा ?
क्या चिरायु की कड़वाहट
क्या चिरायु की शिथिलता
नहीं जानता !
खुद हंसता, खुद रो देता है
औरों का मन मोह लेता है
यह बचपन है !
यह जीवन पर हंस देता है, दीवाना है
सुख-दुःख से यह बेगाना है !
क्या करते तो क्या हो जाता?
क्या न करते क्या न होता?
जो होना है , हो जाता है
पागल मन क्यों घबराता है ?
दार्शनिक सा बना हुआ है
यह बचपन है !

32. बात

कहने को

सभी कहते है

हमें तुमसे महब्बत है बहुत

जान तुझ पर निसार करते हैं

तेरी खातिर ही अब तलक जीए

आज चाहो,तो अब ही मरते हैं

मगर बात

सिरफ बात ही है

कौन जीता है ?कौन मरता है ?

सिरफ बातें ही किया करते हैंसभी जीते हैं ले के इच्छाएँ

अपने लालच के बन रहे,पुतले

स्वार्थ के बने कैदी

पहन हथकड़ियाँ वासनाओं की,

लिलकते गिड़गिड़ाते फिरते हैं |

33. चंद सिक्के

सारे दिन की
दौड़ धूप के बाद
रात को घर जो यह पहुँचते हैं
इनके चेहरे अजीब होते हैं
थके मांदे ,उदास ,हारे से
रोटी की कशमकश के लिए
जो कि पूरी भी
इन्हें नहीं मिलती ।
लेट जाते हैं सोचकर आखिर
किस तरह
कभी तो, यह सिलसिला टूटे ।
सुबह को फिर
यह थके राही
थकी सांसे, थके पाँव
चल निकलते हैं, हौंसला कर के
उन्हीं
घिसी पिटी सी अपनी राहों पर
चंद सिक्के कमा के लाने को
यह मजदूर ।
काश
यह सिलसिला कभी टूटे ।

34. ऐ ज़िंदगी

रात भर
अठखेलियाँ करती रही
जब कभी भी
ऊंघता पाया मुझे ,
तुमने जगाया |
उठ अरे ,मैं जागती
तू सो रहा है |
बगल में तेरे हूँ
फिर भी
पा नहीं मुझको सका
बल्कि ,खो रहा है |
दूरदर्शी है बहुत इन्सान
लेकिन
पास उसके है जो उसको देखना
बस का नहीं है |
सत्य कहा तुमने मुझे
ऐ ज़िन्दगी
ठीक था आह्वान तेरा
हर घड़ी
मैं मगर सोता रहा |
पा कर भी सब कुछ
हमेशा ,
हर घड़ी ,खोता रहा |

35. चल रहे हैं मगर (कुछ खबर नहीं)

दिल भटकता कहीं
तन छिटकता कहीं
चलना है कहां ?
चल रहें हैं कहाँ ?
कुछ खबर ही नहीं !
ज़िंदगी है यह क्या ?
किस लिए ?
चल रही है किधर ?
जिधर चल रही है
उधर ही सही !
कारवाँ न कोई
न है मंजिल कोई
चल रहे हैं मगर
हमको जाना किधर
कुछ खबर ही नहीं !
जिस राह हैं चले
आगे चलकर कहीं
राह बन्द तो नहीं
कुछ खबर ही नहीं !
तंगदस्ती में भी
अपनी मस्ती में भी
बावलों की तरह

मुस्कुराते हुए
हंसते गाते हुए
चल रहे हैं मगर
चल रहे हैं कहां
कुछ खबर ही नहीं !

36. कल तक

मेरी नासमझी इतनी

मैं भिखारी ही रहा

सब कुछ पाकर |

तुमने

वरदान में दे दिया , मानव जीवन |

मानवता का दर्द जानने की खातिर

एक दिल दे दिया!

ठीक गलत का ज्ञान रहे

जिससे मैं निर्णय ठीक ले सकूं

ऐसा मुझे विवेक दे दिया

लेकिन,

फिर भी मैं रहा भिखारी सब पाकर |

मेरी कमफहमी,

इस हद तक जा पहुंची है

हर वक़्त शिकायत रहती है

कोई न कोई

मेरे लब पर |

शुक्र करूँ मैं तेरा मुझ से हो न पाया |

हंसी ख़ुशी में तेरा कभी भी,

ज़िक्र किया न

हर रंजिश में लेकिन तुझे घसीट रहा हूँ |

अहसानों को मैं क्या जानूं

उल्टा तुझ पर अहसानों का बोझ लादता

मैं, फिरता हूँ |

बात बात पर कह देता हूँ - क्या दे डाला? यह जीवन है?
जिसको देकर इतराते हो?
क्या रखा है इस जीवन में
इससे तो मरना बेहतर है ।
मेरी नासमझी इतनी
मैं भिखारी ही रहा
सब कुछ पाकर ।

37. सोचता हूँ कभी

अकाल आदमीयत का

कैसा यहां

हर तरफ आदमी, आदमी इंतहा

ढूंढने से मगर मिलता ही नहीं

एक भी आदमी !

खून से खून का कोई रिश्ता नहीँ

खून हीखून का प्यासा हुआ

गरज़ पूरी करें,एक मकसद यही

झूठ से पाप से कुछ नहीं वास्ता

बेवफा , बावफ़ा

सब बराबर हुए !

इस तरह से ही जीना है हमको अगर

ज़िंदगी मौत में कुछ फर्क ही नहीं

सोचता हूं कभी !

सोचता हूं कभी

ज़िंदगी मौत में फर्क है भी कहां

ज़िंदगी की तरह सिर्फ इक हादसा

ही तो है मौत भी !

किस लिए फिर क्यों इतनी परेशांनियां

या पशेमानियां

चंद पल के लिए और मैं जी सकूं

सब बदगुमानियां !

सोचता हूं कभी

ज़िंदगी की तरह

सिर्फ इक हादसा ही
तो है मौत भी !
यही सोचकर मैंने
नजरें दौड़ाई
बहुत दूर तक
कहीं मिट्टी ,कहीं कंकर, कहीं पत्थर तो मिले
कोई मोती ,कोई जुगनू ,कोई तारा न मिला
इन अंधेरों में कहीं पर भी
उजाला न मिला !
सोचता हूं कभी
मुझको क्या हो गया
मिला जो नहीं ,
उसके लिए मैं परेशान हूं
जो मिला है
सब्र उस पे करता नहीं !
सोचता हूँ कभी
कौन अपना है ?
कौन है नहीं अपना ?
और अपना है कब तलक अपना ?
अपनों की भी तो सीमा है
अपने भी तो अपने हैं अपनी शर्तों पर
कभी गरज़ से, जरूरत से बंधे है
या कभी फर्ज़
अथवा
अधिकार से बंधे हैं
कभी रिश्तों से, या रूढ़ियों से बंधे हैं
तो कभी समाज ने, कानून ने बांधा है
और कभी
अपने ही अहसास ने बांधा है हमें

और फिर
बंधने बंधाने से भला क्या हासिल ?
सोचता हूँ कभी !
ज़िंदगी क्या है?
किस लिए?
कब तक?
सोचने में तो कुछ नहीं रक्खा
सोचने से ही कुछ नहीं होता
दिन के बाद रात आती है
रात के बाद दिन निकलता है
चक्र रुकता नहीं है रोके से
क्यों न फिर
इस तरह की कोशिश हो,
कि
हर पल खुशी से कट जाए
खुद को ही खुश अगर न रख पाए
ज़िंदगी के उसूल क्या मायने !
सोचता हूँ कभी
कौन जीता है यहां ? किसके लिए? कब तक?
आपको जज़्बात से मेरे भी भला क्या हासिल?
आपने अपने ही अहसास को पूजा है सदा !
मैनें माना
संगदिल नहीं हैं आप
मानता हूं
कमज़ोर बहुत ही हूँ मैं भी
खुश अगर आप नहीं,
खुश मैं भी नहीं रह सकता !
मैं
अपनी खुशी की ही खातिर

काम सब ही तो किया करता हूँ
खामखा आप पर
अहसान किया करता हूं
खामखा ही मैं बनाता हूँ उम्मीदों के महल
खामखा खुद ही मैं रेत की दीवारों पे
खड़ा होता हूँ, गर्व करता हूं
गिरता हूं
पटक जाता हूँ !
मेरे महबूब हैं आप
अच्छे हो, बहुत अच्छे हो
आप भी चाहते हैं
मैं उदास न हूं
मैं भी चाहता हूँ यही
आप कभी उदास न हो !

38. ढाक के तीन पात

आईना देखता हूँ
तो
नज़र आता है कभी
एक नन्हा सा बच्चा (बचपन)
दुनिया के दाव पेच से
अनभिज्ञ है बहुत
सुख दुख क्या
क्या भला क्या बुरा
कुछ नहीं जानता
हंसता है ,रोता है, खेलता है
गिरता है कभी, कभी संभल जाता है
अपनी ही धुन में
कुछ गीत कभी गाता है ।
देखता है दुखी या रोता ,किसी को
तो रो पड़ता है
हंसता जो देखता है ,
तो हंस देता है!
कभी जब
आईना देखता हूँ तो
नज़र आता है
एक स्वस्थ बलिष्ट शरीर
तन मन से सशक्त ' यौवन '
मानो दहाड़ता हुआ सिंह
मगर

उखड़ा हुआ सा
बंद है
वासना के पिंजरे में
उछलता है कभी तो कभी
ज़ोर से उलझता है
उन सलाखों से
तोड़ना चाहता है जिन्हें
और कभी खुद ही
टूटता जाता है और कभी
इन्हीं सलाखों._१ से
लटक के रह जाता है ।
कभी फिर
आईना देखता हूँ तो
नज़र आता है
धीरे धीरे
कमर झुकाए हुए
चला जा रहा है
कोई पिंजर ,कोई ' बूढ़ा '
मुंह पर ,दिल और दिमाग पर
झुरियां पड़ी हुई
कमर पर लदी
गठरी लुढ़क
जाती है,
फट जाती है
रीतियों ,रिवाजों ,रूढ़ियों की
पतली घिसी पिटी चादर ।
वहीं कहीं बिखरा नज़र आता है सामान
कुछ तस्वीरे कुछ बुत
राम ,कृष्ण , मोहम्मद्

और कहीँ ईसा
बिखरे पड़े है कहीं
वेद ,उपनिषद ,और पुराण
कहीं गीता ,
कहीँ बाइबल और
कहीं कुरान,
राम की मर्यादा ,कृष्ण की गीता
मोहम्मद् का पाक दामन
सब छिटक से गए हैं
वहीं कहीं पड़ी , नज़र आती है
सच्चाई के पुजारी ईसा की
लटकती हुई गर्दन
उसकी छाती में लगे कील
इंसानियत की सौगातें
फटे हुए
गीता ,बाइबल, कुरान के पन्ने
तेज हवा में उड़ रहे है ।
यह सब देखता हूँ
तो ख्याल आता है
बारहा खुद ही
आना पड़ा उसे
इस सर ज़मीं पर
बन कर
राम ,कृष्ण ,मोहम्मद
और
कभी ईसा
या कभी बुद्ध
महावीर या
नानक बन कर

खुद ही आना पड़ा
उसको
ताकि मिटा सके
मानवता की
आंतों की भूख
ताकि मिट सके इस
माहौल से ईर्ष्या द्वेष
क्रोध काम वासना
झूठ अहम और
अंधकार ।
खुद ही आना पड़ा उसे
देने के लिए सन्देश ।
लेकिन,
सब व्यर्थ,
ऐसा तो नहीं कह सकते
हां , कुछ देर तक ही
बना रह सका उनका प्रभाव
अंततः
वही ढाक के तीन पात !

39. मैराथन दौड़

जिंदगी,
एक दौड़ हैं,
बहुत लंबी
मैराथन दौड़ !
लेकिन ,
हम लोग
आमतौर पर
इसे
100 मीटर की दौड़ मानते हैं
अत्याधिक गति से दौड़ते हैं
और
राह ही में
थक जाते हैं
टूट जाते हैं
भूल जाते हैं
कि
कुछ / बहुत अलग होती हैं
लंबी दौड़,
दौड़ने की तकनीक
उसमें
मात्र शक्ति एवं गति के साथ साथ
आत्मविश्वास, धैर्य, सहनशीलता एवं
लय भी चाहिए !

40. एक अहसास

ज़िन्दगी

एक अधूरी कृति है।

लिखने बैठे तो

बीस,तीस,पच्चास, सौ पन्ने

यूँ ही लिख गए।

भूमिका बनती गई

वर्णन होता गया

कलम नहीं रुकी,

लेकिन

लिखते - लिखते कहीं

बीच ही मेंअटक गए,

पात्रों की भीड़ होने लगी

कुछ पात्र

अपने आप में संस्थाएं बन गए।

कुछ को छोड़ना चाहा

छोड़ नहीं सके

बदलना चाहा, बदल नहीं सके ।

कुछ छोड़ना चाहते थे हमें

उन्हें हमने नहीं छोड़ा

और कुछ आना चाहते थे, हमारे साथ

उन्हें साथ लेने का हमारा

साहस नहीं हुआ।

गरज़

जिन मूल्यों को, आधारों को

आदर्शों को, लेकर चले थे
जिन मूल स्तम्भों पर
अपनी कृति का भवन
खड़ा करना चाहा था
वह आदर्श , वह मूल्य
नहीं रहे,
वे स्तम्भ टूट गए
गिर गए ।
पात्रों ने उनका तिरिस्कार किया
मानने से इंकार किया।
साहस नहीं छोड़ा
हिम्मत नहीं हारे
एक बार फिर प्रयत्न किया
सोचा
स्थिति तथा काल को
बदल डालें
हो सके तो
मूल्यों, आधारों, अवस्थाओं
को भी बदल डालें
जो आदर्श मेरे पात्रों को
अस्वीकार्य हैं
छोड़ दें उनको
और हो सके तो
खुद को ही बदल डालें
जैसे-तैसे ,
कृति तो अधूरी ना रहे
लेकिन,
हमसे, वह भी न हुआ।
कुछ पात्रों का

ख्याल आता रहा
कुछ मुझे अप्रिय थे
मगर सच्चे थे
कुछ झूठे थे -मगर प्रिय थे।
किससे ? कब तक ?
निबाह करना है
और आदर्श ?
केवल आदर्श ही तो हैं,
बताने के लिए,
दिखाने के लिए
अथवा, दीवारों , मूर्तियों, स्तम्भों पर
खुदवाने के लिए।
और मूल्य ?
आस्थाएं ?
यही, ज़िन्दगी का मापदंड क्यों हो?
स्थिति, काल के साथ
यह भी तो बदलती हैं
और ज़िन्दगी से इनका
सम्बन्ध भी क्या है ?
इस तरह , छोड़ता हूँ कभी
तो कभी पकड़ता हूँ
पात्रों को , और कभी मूल्यों को ।
पात्रों में कभी, अथवा कभी
आदर्शों में उलझ जाता हूँ ,
लाख चाहता हूँ मगर
लिख नहीं पाता हूँ ,
और अब भी ,अधूरी की अधूरी है
यह कृति।

मन की बात

आदरणीय डॉ. सुभाष गक्खड़ 'कंवल' जी का 'परछाइयां' काव्य-संग्रह प्रकाशित हो रहा है। मेरा परम सौभाग्य है कि मेरे अग्रज एवं गुरु सदृश्य सुभाष जी की समस्त रचनाओं की पाठिका रही हूँ। मूलतः वह अर्थशास्त्र के प्राध्यापक है, पर साहित्य में अत्याधिक रुचिवश; उनकी लेखनी यदा - कदा काव्य एवं ग़ज़ल सृजन करती रही है। इंसानियत की डगर पर निरंतर चलायमान 'डॉ सुभाष' जी के काव्य - सृजन में निमज्जन होना एक सुखद अनुभूति है।

सहृदय पाठकों से आग्रह है कि वह 'परछाइयां ' काव्य संग्रह को अपना स्नेह प्रदान करें। इस संग्रह में परछाइयाँ, 'आखिर तो हम सब मानव है', 'शराफत', 'सब्र', 'सत्ता', 'बचपन' कविताएं अप्रतिम है। अंततः भाई साहिब डॉ सुभाष गखड़ एवं डॉ शकुंतला जी को रचना- प्रकाशन महोत्सव पर तहेदिल से बधाई। अभिनन्दन एवं हार्दिक शुभकामनाएं|

इति शुभम॥
डॉ रेनु भाटिया

About Author

डॉ० सुभाष गक्खड़

जन्म - 6 फरवरी, 1943

शिक्षा - एम. ए. (अर्थशास्त्र) पी. एच. डी.

अध्यापन - हिन्दू कॉलेज सोनीपत (1967-2003)

विशेष - विविध पत्र- पत्रिकाओं में कविताएं एवं ग़ज़लें प्रकाशित,
आकाशवाणी रोहतक से कविताएं प्रसारित

संपर्क - फ्लैट 203-C, 266-L, मॉडल टाउन नज़दीक हरियाणा स्कूल
, सोनीपत 131001 (हरियाणा)

फ़ोन:91-9466844040

****

@डा० सुभाष गक्खड़ 'कंवल'